SingLiesel

MIX
Papier | Fördert gute Waldnutzung
FSC® C014138

Satz: Satz für Satz, Wangen im Allgäu

Druck: FINIDR, s.r.o.
Printed in Czech Republic

ISBN 978-3-944360-63-8

6. Auflage

info@singliesel.de, www.singliesel.de

Bildnachweise:
Blumen: Gizele/Shutterstock.com
Cover-Foto: Ljupco Smokovski/Shutterstock.com

Natali Mallek – Annika Schneider

MITSPRECHGEDICHTE

Inhalt

Inhalt

Frühling

Ostern

Inhalt

Die Mitsprechgedichte eigenen sich sehr gut als Teil des Gedächtnistrainings in der Seniorenbetreuung, gerade auch bei Menschen mit Demenz.

Die Mitsprechgedichte sind so konzipiert, dass die Teilnehmer zum aktiven Zuhören angeregt werden. Der Vorlesende macht nach den „Pünktchen“, auf die das Reimwort folgt, eine kurze Pause. Die Zuhörer werden so automatisch dazu ermuntert, das Reimwort zu ergänzen.

Sollten die Zuhörer mal nicht auf ein passendes Reimwort kommen, liest der Vorlesende nach der kurzen Pause selbst weiter.

Die Mitsprechgedichte sind in der Einzel- wie in der Gruppenarbeit einsetzbar. Das Reimen macht den Teilnehmern viel Spaß, sodass sie sich wohlfühlen und anschließend motiviert und zufrieden aus der Rätselrunde hinausgehen.

Viel Freude mit den Mitsprechgedichten wünschen

Natali Mallek und Annika Schneider

DER WÄSCHEBERG

Ich fühl mich wie ein kleiner Zwerg
neben diesem Wäsche…berg.

Drum halt ich mich mal lieber ran
und schmeiße die Maschine … an.

Erst geht das Sortieren rund,
Weiß zu Weiß und Bunt zu … Bunt.

Pulver in das Fach hinein,
ich schalte die Maschine … ein.

Sie dreht sich rund und rundherum,
der Waschgang geht im Fluge … um.

Dann schalt ich die Maschine aus
und nehme alle Sachen … raus.

Für Wolle, Wäsche und das Feine
geht es als Nächstes auf die … Leine.

Bügeln ist leider ein Muss,
dann ist aber endlich … Schluss.

MEINE WERKSTATT

Ich baue meine Möbel gern
mit Holz von nah und nicht von … fern.

Drum hab ich, was ein Mann gern hat:
eine eigene Werk…statt.

Mit Nagel, Hobel, Schleifpapier
liegt ein großes Ziel vor … mir.

Mit Säge und mit Hammer
geh ich in meine … Kammer.

Dort wird gesägt, geklopft, gemacht
und manches Mal dabei … gelacht.

Steht das Produkt vor mir aus Holz,
bin ich wirklich etwas … stolz.

GEWITTER

Der Himmel ist heut gar nicht blau,
er färbt sich dunkel, düster, … grau.

Die Sonne ist kaum aufgegangen,
schon ham die Wolken sie ver…hangen.

Der Wind, er pfeift und bläst die Last,
beseitigt manchen morschen … Ast.

Der Blitz, der leuchtet hell – da, schaut!
Der Donner grollt mal leis, mal … laut.

Der Regen weicht die Erde auf,
das Unwetter nimmt seinen … Lauf.

Das Gewitter, es macht keine Pause,
wir bleiben lieber heut zu … Hause.

HEUTE IST DEIN EHRENTAG

Heute ist dein Ehrentag,
der Tag, an dem dich jeder … mag.
Heut wird getanzt und Spaß gemacht,
es wird gesung'n und viel ge…lacht.

Der Kuchen sieht gar herrlich aus,
das wird sicher ein Gaumen…schmaus.
Es gibt zum Ehrentag das Beste,
nicht nur für dich, auch für die … Gäste.

Der Tisch ist feierlich geschmückt,
wer ihn so sieht, der ist ent…zückt.
Die Getränke stehn bereit,
die Gäste komm'n, es ist so … weit.

Alle bring'n Geschenke mit
und singen den Geburtstags-…Hit.
Es wird geplauscht, die Zeit vergeht,
heute wird es sicher … spät!

ICH KAUFE GERNE EIN!

Ich kaufe gerne ein,
geh in Geschäfte … rein.
Ich kauf mal dies und kauf mal das,
Einkaufen macht mir einfach … Spaß.

Mal kauf ich Milch und Butter,
mal Blumen für die … Mutter,
mal Karten fürs Theater,
die schenk ich meinem … Vater.

Ob Bücher- oder Blumenladen,
neuer Kram kann ja nicht … schaden.
Ob Baumarkt oder Drogerie,
ich kauf für mich und ihn und … sie.

Doch wisst ihr, was mir nicht gefällt?
Einkaufen kostet immer … Geld.
Und ist das Geld mal leer,
dann kauf ich auch nichts … mehr.

DIE HAUSMITTEL SIND GUT BEWÄHRT!

Sind die Augen müd und dick,
kenn ich einen guten … Trick:
Leg kalte Gurkenscheiben drauf,
dann hört die Schwellung bald schon … auf.

Dich plagt der Schmerz an einem Zahn?
Du fühlst dich elend, wie im … Wahn?
Dann nimm 'ne Nelke in den Mund,
und bald fühlst du dich kern…gesund.

Der Bauch tut weh, meckert und grimmt,
du merkst, dass da etwas nicht … stimmt?
Dann mach dir eine Wärme-Flasche,
die steckt die Schmerzen in die … Tasche.

Der Hals, er kratzt, Schlucken tut weh,
du bist erkältet, stöhnst: O…je!
Dann wärm dir Saft von den Zitronen,
und denk daran: Du musst dich … schonen!

DER FRISÖR

Ich kümm're mich um jedes Haar,
ob alter Mann, ob Hochzeits...paar.

Ob roter oder blonder Schopf,
ich kümm're mich um jeden ... Kopf.

Willst du Locken? Bitte sehr.
'nen Fransenschnitt? Soll Farbe ... her?

Darf es hinten stufig sein?
Ich dreh dir Papilotten ... ein.

Ich föhn dir gerne auch das Haar.
Es wirkt so voll, wie's selten ... war.

Ein bisschen Haarspray darf's wohl sein?
Komm doch bald mal wieder ... rein!

ICH LIEBE ES SÜSS!

Es gibt Leute, die essen nur Obst und Gemüs'.
Ich esse, ganz ehrlich, am liebsten nur … süß!

Ich mag gerne Bonbons, Lakritz, Schokolade,
und in mein Glas kommt Zitronen…limonade.

Kekse und Plätzchen lieb ich wirklich sehr.
Und backt jemand Kuchen, lieb ich das noch … mehr.

Es gibt Leute, die stresst es, stehn sie mal im Stau.
Ich gönn mir dann gemütlich ein Tässchen … Kakao.

Hat mal wer Geburtstag, sag ich's ohne Worte:
Ich backe mit Liebe Schwarzwälder … Torte.

Ist mir einmal nach 'ner grünen Pause,
dann trink ich genüsslich Waldmeister…brause.

Schlemmen und Schlecken kann ich jeden Tag,
weil ich süße Dinge so gerne … mag!

HACKE, SPITZE, EINS, ZWEI, DREI

Hacke Spitze, eins, zwei, drei.
Wer ist bei unserm Tanz … dabei?
Ich will tanzen, ich bin fit,
komm doch auch und tanze … mit.

Ob im Viereck oder Kreise,
jeder tanzt auf seine … Weise.
Herr Müller schwingt die Beine,
Frau Meyer tanzt al…leine.

Frau Schmidt hüpft lustig auf und ab,
Herr Lose guckt und lacht sich … schlapp.
Irmgard trinkt ein Gläschen Sekt,
das jetzt auch Herrn Müller … schmeckt.

Der eine lauscht Herrn Loses Witzen,
der andere kommt beim Tanz ins … Schwitzen.
So wird gesteppt, gedreht, geschwungen,
man sagt, der Abend ist ge…lungen!

MARKTTAG

Der Freitag, der ist immer schön,
wenn alle Leut zum Markt hin … gehn.

Da steht der Fleischer mit der Schürze
und gibt der Wurst die letzte … Würze.

Vom Bauernhof her kommt Gemüse,
es wird gekocht in der „Kom…büse".

Am Obststand plaudern wir gemeinsam.
Freitags muss niemand allein … sein.

Wir kaufen nun den frischen Fisch,
noch heute kommt er auf den … Tisch.

Den Markttag, den lieb ich so sehr,
man trifft dort Müllers, Schmidts und … mehr.

ICH FAHRE MIT DEM ZUG

Mit dem Zug fahr ich so gerne,
mal ganz kurz, mal in die … Ferne.

Auf Züge kann man sich verlassen.
Man sollte sie nur nicht ver…passen.

Mit den Rädern auf den Gleisen
geht es per Eisenbahn auf … Reisen.

Der Schaffner ruft laut: „Einsteigen bitte!“
Und jetzt geht’s ab durch die … Mitte.

Der Schaffner will die Tickets sehn.
Ich zeig ihm meins, sag: „Bitte…schön!“

Ich fuhr schon quer durchs ganze Land
und sah wirklich schon aller…hand.

Und heute, da besuch ich dich.
Ich hoff, du freust dich auch auf … mich.

GLÜCKSBRINGER

Es ist rosa, süß und klein:
Das Glück bringt dir ein kleines … Schwein.

Ein Pferd hat dich heut auserkoren,
für dich ein Hufeisen ver…loren.

Der Klee ist grün, der Blätter vier:
Dieses Kleeblatt schenk ich … dir.

Der Schornsteinfeger voller Ruß
gibt dir heute einen … Kuss.

Ein Pfennig strahlt im Morgenlicht.
Du hebst ihn auf, warum auch … nicht?

Weißer Stiel und roter Hut
stehn dem Fliegenpilz doch … gut!

Schwarze Punkte, rot und klein –
darf ich dein Glückskäfer … sein?

Das Glück soll dich zu allen Zeiten
auf deinem Lebensweg be…gleiten!

STERNE

Heut Nacht ist hier der Himmel klar
und alle Sterne sind schon … da.

Man sieht sie gut im Mondenschein,
manche groß und manche … klein.

Sie alle funkeln um die Wette,
strahlen wie 'ne Weihnachts…kette.

Doch ein Stern ist besonders schön:
Dort drüben – kannst du ihn auch … sehn?

Er strahlt so schön mit hellem Licht,
so schön sind die andern … nicht.

Er strahlt für uns, er strahlt für dich.
Er strahlt für uns, er strahlt für … mich.

Der Stern hat an uns zwei gedacht
und schickt sein Leuchten durch die … Nacht.

Ich fühl mich glücklich und beschenkt:
Es gibt 'nen Stern, der an uns … denkt!

REGENWETTER

Viele kleine Regentropfen,
die stetig an dein Fenster … klopfen,

machen dir heut keinen Spaß.
Alles duster, alles … nass.

Du wolltest gern spazieren gehn!
Doch nass zu werden ist nicht … schön.

Du willst nicht mehr in Pfützen springen,
nichts über schönen Regen … singen.

Der Regenschirm als dein Begleiter
bringt dich bei einem Sturm nicht … weiter.

Für Gummistiefel, groß und kalt,
fühlst du dich langsam doch zu … alt.

Es ist eindeutig schlechtes Wetter.
Sonnenschein wär sehr viel … netter.

Doch morgen kommt die Sonne raus,
dann gehst du wieder aus dem … Haus.

EIN VOGEL MÜSST MAN SEIN

Vögel fliegen da und dort,
bleiben hier und flattern … fort.

Wie sie sich durch die Lüfte schwingen,
wie sie pfeifen, zwitschern, … singen!

Ach, ein Vogel müsst man sein –
wie ein Spätzchen, flink und … klein.

Über weiße Wolken schweben,
sich in die Lüfte hoch er…heben.

Ich fände das ganz wundervoll.
Doch wäre wirklich alles … toll?

Körner und auch Würmer essen
hätt ich beim Träumen fast ver…gessen.

Da bleib ich lieber, wie ich bin,
und nehm mein Menschsein dankbar … hin.

DAS MEER MAG ICH SEHR

Ich mag das blaue, weite Meer,
ich mag es sozusagen … sehr!

Ich mag die tosenden Wellen,
die an den Felsen zer…schellen.

Ich mag die tanzenden Fische,
auch mittags auf meinem … Tische.

Ich mag die glänzenden Muscheln,
ich mag auch im Strandkorb … kuscheln.

Ich mag sogar Algen und Tang,
doch fahre ich Boot, werd ich … krank.

Wenn Kähne schaukeln im Wind,
lauf ich nach Hause … geschwind.

Wenn Matrosen gehn auf den Kutter,
renn ich nach Hause zu … Mutter.

ERSTE KNOSPEN

Erste Knospen springen auf,
die Natur nimmt ihren … Lauf.
Es räkelt sich die Zaubernuss,
vorbei sind Kält' und Ver…druss.

Die Sonne scheint durch uns're Scheibe,
man sieht, es sprießt die erste … Eibe.
Forsythien strahlen voller Wonne,
sie freun sich auch auf Frühlings…sonne.

Die Sonne geht von Osten auf
und wärmt uns schon im Mittags…lauf.
Durch die edle Winterkirsche
sieht man Rehe und auch … Hirsche.

Sein Prachtkleid trägt der Tulpenbaum,
die Blütenfülle ist ein … Traum.
Das Grün sprießt fröhlich weit und breit,
vorbei die kalte Winter…zeit.

Auch Azalee und Mandelbaum
möchten blühn, man glaubt es … kaum.

So ist's wenn erste Knospen springen,
wir fangen fröhlich an zu … singen.

FRÜHJAHRSPUTZ

Spürst du es? Er ist ganz nah.
Der Frühling ist ganz plötzlich … da.

Die Schneemänner, die weinen:
Es soll die Sonne … scheinen.

Sie scheint durchs Fenster: großer Schreck!
Das Fenster ist ja voller … Dreck!

Da hilft nur, ein Lied zu singen
und dabei das Tuch zu … schwingen.

Staub, ich rück dir auf die Pelle.
Wollmäuse? Ich bin zur … Stelle!

Ich putz in jeder Ecke,
bring jeden Fleck zur … Strecke.

Unterm Bett und hinterm Schrank
putz ich alles blitze…blank.

Geputzt wird Glas, Metall und Holz.
Ist alles fertig, bin ich … stolz!

DER FRÜHLING ZEIGT SEIN SCHÖNES KLEID

Rosen, Nelken und Narzissen,
ich muss euch bald nicht mehr ver…missen.
Vorbei die lange Winterzeit,
der Frühling zeigt sein schönes … Kleid.

Vergissmeinnicht und weiße Glöckchen,
die Mädchen tragen bunte … Söckchen.
Die Gärten werden fein gemacht,
wir feiern bald Walpurgis…nacht.

Der Frühling zeigt sich voller Wonne
beim Apfelblütenfest mit … Sonne.
Tulpen, Primeln und auch Veilchen,
sie alle blühen für ein … Weilchen.

Der Frühling strahlt in seiner Pracht,
dass manches Kinderherz froh … lacht.
Im Frühjahr Kind sein, das war toll,
ach, war die Zeit nicht wunder…voll?

Nach dem Wonnemonat Mai
ist die Frühlingszeit vor…bei.
Doch daran woll'n wir noch nicht denken.
Lasst uns fröhlich Blumen … schenken.

NARZISSEN

Ich liebe weder Mann noch Frau,
ich bin nicht jeck, ich weiß … genau:
Liebe wird schnell kompliziert,
Liebende sind oft ver…wirrt.

Doch eine Blume stahl mein Herz,
ich liebe sie, das ist kein … Scherz.
Es ist ein Blümchen, das nicht prahlt,
die Blüte herrlich gelb er…strahlt.

Die Blume ist beliebt, bekannt,
sie bringt den Frühling in das … Land.
Jeder darf es wissen:
Ich liebe die Nar…zissen.

DIE LAUNEN DES APRIL

Der April macht, dass ich staune:
Was hat das Wetter für 'ne … Laune?

Mal scheint die Sonne brütend heiß,
ich kaufe mir ein kaltes … Eis.

Mal fällt, ich glaub kaum, was ich seh,
blütenreiner, weißer … Schnee.

Mal kriegt das Feld auch seinen Segen:
Es gibt eimerweise … Regen.

Mal bläst der Wind, ich halt mich fest,
weil er mich sonst wegfliegen … lässt.

Der April, ja, der April
macht scheinbar wirklich, was er … will.

ERDBEERZEIT

Nach langem Warten ist's so weit:
Es ist endlich Erdbeer...zeit.

Rot und saftig, handlich klein,
süß und schmackhaft solln sie ... sein.

Mir spritzt der Saft schon ins Gesicht!
Zucker brauch ich wirklich ... nicht.

Frisch gepflückt vom Beet und roh,
am besten schmeckt es einfach ... so.

Doch soll es was Besondres sein,
fällt mir dazu sofort was ... ein.

So köstlich ist's, mir fehln die Worte,
back ich eine Erbeer...torte!

Ich find die Beer'n ja fast zu schade,
doch lecker ist auch Marme...lade.

Und eine Erdbeere im Sekt
macht den Genuss komplett per...fekt.

Erdbeerzeit, ich mag dich sehr.
Jetzt hab ich Hunger, ich brauch ... mehr!

MUTTERTAG

Am Muttertag bei uns zu Hause
hat Mutter einen Tag lang … Pause.
Wir backen Kuchen, singen Lieder,
und schenken ihr 'nen Strauß von … Flieder.

Essen kochen braucht sie nicht,
das macht Papa im Sonnen…licht.
Denn er kocht draußen auf dem Grill,
uns Kindern schmeckt's, wir essen … still.

Mutter ruht nach leck'rem Essen,
den Abwasch darf sie heut ver…gessen.
Den machen ihre Kinderlein,
sie spülen das Geschirr ganz … rein.

Doch nach zwei Tellern auf dem Boden,
hört man Papa nicht mehr … loben.
Nach dem Kaffee ist's so weit,
es gibt schon wieder mächtig … Streit.
Dann ist es doch wie alle Tage,
glaubt es mir, wenn ich's euch … sage.

Doch Mutter macht ein lieb's Gesicht:
„Danke euch, mehr brauch ich … nicht.
Die Zeit mit euch an diesem Tag,
die ist es, die ich gerne … mag."

BLÜTENMEER

Es grünt, es weht die Frühlingsluft,
ein Blumenduft liegt in der … Luft.
Narzissen, Veilchen, Vergissmeinnicht,
die Blüten strahlen im Sonnen…licht.

Auch Tulpen, Krokus, Hyazinthen,
man sieht sie schon von ganz weit … hinten.
Ein wunderschönes Blütenmeer,
allein der Duft macht Lust auf … mehr.

Sie locken rot, gelb, blau und lila,
es blüht auch schon der erste … Flieder.
Insekten woll'n sich darauf tummeln,
es summen laut die ersten … Hummeln.

Ein Käfer läuft flink übers Blatt,
die Blüte macht die Biene … satt.
Die Sonne scheint vom Himmel runter
und macht die bunten Blumen … munter.

Sie sprießen rasch, und das schon lange,
der Frühling ist in vollem … Gange.
Kommt, gehn wir raus, das ist nicht schwer,
und suchen uns ein Blüten…meer.

SPARGELFREUDE

Es scheint die Sonn', jetzt gibt es Spargel.
Vorbei sind Regen und auch … Hagel.
Es lacht das Herz, es lacht der Mund:
Spargel ist lecker und … gesund.

Mit Hollandaise schön übergossen,
so wird am liebsten er ge…nossen.
Wie gern ich ihn mir einverleibe!
Dazu vom Schinken eine … Scheibe.

Da geht, ich mache keinen Scherz,
die Sonne auf in meinem … Herz.
Die Zunge singt vor Freude laut,
wenn der Mund den Spargel … kaut.

'ne Stange noch, nein, lieber zwei!
Denn viel zu schnell ist sie … vorbei,
die wunderschöne Spargelzeit.
Zum Glück ist es noch nicht so … weit!

WONNEMONAT MAI

In der schönen Maienzeit
leuchten Blumen weit und … breit.

Es ist die Zeit der Heiterkeit
und auch der Zufrieden…heit.

Im Mai, da möcht' man Hochzeit machen,
Bräute sieht man strahlend … lachen.

Der Bräutigam steht stolz daneben.
Dreimal sollen hoch sie … leben!

Der Monat Mai erfüllt mit Leben.
Er steht für Liebe, Freude, … Segen.

Genießen wir die warme Sonne
und teilen unser Glück mit … Wonne.

DIE SONNE WÄRMT

Die Blumen blühen am Gartenzaun,
die Sonne strahlt, man glaubt es … kaum.
Er kommt herbei, der schöne Mai,
und macht Gemüt und Seele … frei.

Die Sonne wärmt und hebt die Laune,
Klaus spielt froh auf der Po…saune.
Frieda und Gerd buddeln heiter im Garten,
sie konnten den Sonnenschein kaum er…warten.

Der nasse April ist endlich vorbei,
es breitet sich aus der sonnige … Mai.
Für Gerd und für Frieda und auch den Klaus,
hat Mutter gezaubert 'nen leckeren … Schmaus.

Gegessen wird heute im Wiesengras,
es gibt frische Erdbeern und Limo im … Glas.
Dazu ein Stück Kuchen mit Obst und Baiser,
so sitzen die drei im sattgrünen … Klee.

Die Wolken ziehn leise am Himmel vorbei,
so lässt es sich leben im sonnigen … Mai.

HALLO MAIKÄFER

Großer Käfer, kleiner Wicht,
fliegst und brummst im Abend…licht.
Du ziehst uns in deinen Bann,
die Beine kurz, die Fühler … lang.

Lange kommst du nicht heraus,
baust im Erdreich erst dein … Haus.
Doch das Licht lockt dich dann doch,
kriechst ganz leis aus deinem … Loch.

Machst die Flügel schnell bereit,
spannst sie auf und machst sie … weit.
Hören wird man dein Gesumm,
wenn du fliegst, bleibst du nicht … stumm.

Mal kriegten alle einen Schreck
und schrien: „Die Maikäfer sind … weg!“
Doch vorbei ist die Gefahr,
die Maikäfer sind wieder … da!

ICH BACKE MIR EIN OSTERLAMM

Ich backe mir ein Osterlamm
und brauche Mehl, so hundert … Gramm.
Backpulver misch ich munter
in einer Schüssel … unter.

Dann komm'n Zucker und Milch hinein,
Zitrone tu ich auch gleich … rein.
Es fehlt jetzt noch die Butter,
das schmeckt dann wie bei … Mutter.

Oh nein, ich brauch ja noch ein Ei!
Ach, was soll's, ich nehme … zwei.
Die Form braucht dringend etwas Fett,
dann ist das Lämmchen bald kom…plett.

Der Teig wird in die Form gegeben,
alles rein und nichts da…neben.
Das Lämmchen muss ins Warme dann.
Ich mache schnell den Ofen … an.

Dann ist es fertig, ehrlich:
Es riecht einfach nur … herrlich!

DIE OSTEREIER

Die Hasen haben viel zu tun,
keine Zeit, sich auszu...ruhn.
Eier färben und verstecken
hinter Büschen, in den ... Ecken,
auf dem Gras im Morgentau,
grün und gelb und rot und ... blau.

Kinder hört man schon seit Tagen
immer nur dasselbe ... fragen:
„War der Osterhas schon da?"
Endlich sagt die Mutter: ... „Ja!"
Und schon hört man Kinder lachen,
die sich auf die Suche ... machen.

Hinter jedem Busch und Baum,
wunderschön, man glaubt es ... kaum,
leuchten Eier, hell und bunt,
grad gefunden, schon im ... Mund.

Jeder freut sich, jeder staunt,
alle sind sie gut ... gelaunt
bei der schönen Osterfeier.
Im Mittelpunkt stehn heut die ... Eier.

DAS OSTERFEST

Ostern ist mein Lieblingsfest,
das mich von Herzen strahlen … lässt!

Ich hole viele Farben und
male weiße Eier … bunt.

Ich backe einen Osterkuchen,
den lass ich meine Gäste … suchen.

Die kommen heute so um drei.
Die Zeit geht dann ganz schnell … vorbei.

Wir feiern gemeinsam, plaudern und lachen,
erzählen, was wir gerne … machen.

Wisst ihr, wen ich hoppeln sah?
Der Osterhase war schon … da.

OSTERHASE

Fips, der ist ein Osterhase,
zwei lange Ohren, Schnuffel...nase.
Jedes Jahr zur Osterzeit
versteckt er Eier, weit und ... breit.

Malt sie bunt und macht sie fein,
so soll's an Ostern ja auch ... sein.
Wenn die Arbeit ist getan,
hopst er weiter mit E...lan,
versteckt in Hecken, Sträuchern, Buchen,
freut sich, wenn die Kinder ... suchen.

Was für ihn am Schönsten ist,
wenn erstanden Jesus ... Christ,
ist das frohe Kinderlachen
und wenn sich Leute Freude ... machen.
Dann bebt bewegt das Schnuffelnäschen
von unsrem kleinen Oster...häschen.

Er schaut uns zu beim Osterfest
und schlüpft zufrieden in sein ... Nest.
Fips freut sich schon aufs nächste Jahr
und denkt sich noch: Wie wunder...bar!

DAS OSTERNEST

Ein Küken sitzt im Osternest
und freut sich auf das Oster…fest.
Es ist gespannt darauf bedacht,
was alles zu ihm wird ge…bracht.

Ein kleines Häschen hüpft herbei,
setzt sich dazu – jetzt sind sie … zwei.
Das Küken strahlt und auch das Häschen,
schnuppert froh mit seinem … Näschen.

Sie fühl'n sich wohl in ihrem Nest,
und beide freun sich schon aufs … Fest.
Das Nest steht unter einer Hecke,
herbei kommt eine kleine … Schnecke.

Sie kriecht heran, kriecht nicht vorbei,
wünscht: „Frohe Ostern für euch … zwei!"
„Frohe Ostern", rufen beide
und schauen fröhlich durch die Zwei…ge.

„Komm doch herein, hab keine Eile!"
Die Schnecke kommt – und bleibt 'ne … Weile.
So sitzen sie in ihrem Nest,
genießen froh das Oster…fest.

JUNI, JUNI

Im Juni fängt der Sommer an,
die Vögel stimm’n ein Loblied … an.

Die Frösche quaken laut im See,
die Wiese strotzt vor grünem … Klee.

Feurig rot die Rose blüht,
voller Kraft die Sonne … glüht.

Die Erdbeern schmecken wunderbar,
es strahlt der Himmel sonnen…klar.

Die Raupe klettert auf ein Blatt
und isst sich an dem Grün schön … satt.

Ein Rad schlägt eilig mancher Pfau.
Der Juni macht den Himmel … blau.

JULISONNE

Im Juli ist der Sommer da,
der Himmel leuchtet blau und … klar.

Die Wolken haben sich versteckt,
die Sonne haben wir ent…deckt.

Wir staunen übers Blumenmeer,
es freut uns jede Blüte … sehr.

Wir pflücken einen Sommerstrauß,
verscheuchen tapfer jede … Laus.

Der grüne Frosch, er quakt und springt,
der Vogel uns ein Liedchen … singt.

Der Juli hat besondren Charme,
er macht uns Haut und Herzen … warm.

HIMBEERTRAUM

Rote Früchte, saftig süß,
schmecken besser als Ge…müs.

Am besten sind sie gleich vom Strauch.
Gib es zu: Du magst sie … auch!

Kaum gepflückt und schon genascht,
von der Süße über…rascht.

Die Kinder klauen sie gewitzt
und sind dann mit dem Saft be…spritzt!

Himbeern klau'n ist nicht so schlimm,
ein paar Beeren sind doch … drin.

Ich mag ja Himbeern selbst so sehr.
Ess ich eine, will ich … mehr.

DIE KÖNIGIN DER BLUMEN

Die Rose ist die Königin,
wird sie verschenkt, ist jeder … hin!

In Weiß mit etwas hellem Grün
bringt sie Herzen zum Er…blühn.

In Gelb, da wirkt sie frisch und frei,
für Schwiegermutter kaufst du … drei.

In Rot in einem dicken Strauß
ist sie der Liebesschwur von … Klaus.

Im Juni, da ist Rosenzeit,
dann ist die Königin … bereit.

Bereit, um in die Welt zu gehn,
bereit, um herrlich auszu…sehn.

MÜCKEN KÖNNEN NICHT ENTZÜCKEN

Es quält ein steter Plagegeist
den Mensch, der abends draußen ... speist.

Im Garten hat er uns erwischt,
hat auch beim Bierchen mitge...mischt.

Wir traun uns kaum noch rauszugehen,
wir wollen dieses Viech nicht ... sehn!

Es will nur eines: unser Blut!
Das tut uns wirklich gar nicht ... gut.

Es juckt und brennt der Mückenstich.
Fort, Tierchen, stich mich bitte ... nicht!

Das Summen, das kann nicht entzücken.
Wer, bitte, mag denn schließlich ... Mücken?

DIE SONNENBLUME

Das Haupt geht stets zur Sonne hin,
im Mittelteil sind Körner … drin.

Leuchtend gelb das Blütenblatt,
das Korn macht nicht nur Vögel … satt.

In jedem Garten eine Zier
und auch schön in der Vase … hier.

Sie mag die Sonne, ist grandios,
sie streckt sich lang, sie macht sich … groß.

Sie ist des Gärtners liebstes Kind.
Säst du sie ein, wächst sie ge…schwind.

Die Sonnenblume ist begehrt,
wird geliebt und auch ver…ehrt.

HOCH LEBE DER AUGUST

Ich habe Sommerlust,
hoch lebe der Au...gust!

Ich rufe laut: „Juchhe!“,
und fahre an die ... See.

Ich springe in das kühle Nass,
das macht mir eine Menge ... Spaß.

Dort surf ich auf der Stelle
auf einer Riesen...welle.

Ich möcht vor Freude weinen,
heut wird die Sonne ... scheinen.

Nicht zu hoch ist jetzt der Preis
für ein herrlich kühles ... Eis.

IN DER EISDIELE

Die Sonne scheint und es ist heiß.
Heute essen wir ein … Eis.

Das Eis, das ich so gerne schlecke,
gibt es bei uns gleich um die … Ecke.

In Waffeln, knusprig und auch frisch,
kommt das Eis auf unsern … Tisch.

Die Waffeln sind in Kürze leer.
Wir rufen laut: „Wir wollen … mehr!“

Und mehr Eis kriegen wir auch bald.
Es ist so herrlich süß und … kalt.

Drum sind wir sicher, als wir gehen:
Man wird sich rasch hier wieder…sehen.

VON SONNE UND WONNE

Die Sonne scheint, der Himmel lacht,
Der Tag beginnt, es geht die … Nacht.

Der Sommer, er ist endlich da
mit Wärme, einfach wunder…bar.

Ins Freie geht man hier und dort,
die Freude weilt an jedem … Ort.

Im Wasser planschen ist das Beste,
zum Grillen geht's auf frohe … Feste.

Im Sommer ist auch Urlaubszeit,
bepackte Autos weit und … breit.

Es geht nach Fehmarn, Juist und Rügen,
manch einer fährt auch Richtung … Süden.

Die Sonne macht die Herzen weit,
es ist die schönste Jahres…zeit!

Genießt die Zeit mit Freud und Wonne,
lasst euch bescheinen von der … Sonne!

BUNTE SCHMETTERLINGE

Nein, wer hätte das gedacht:
Was für eine Farben…pracht!

Schleich dich leis an und schau genau:
Sie leuchten rot und gelb und … blau.

Die Flügel sind so bunt wie zart,
wunderschön ist jede … Art.

Sie lieben Sommerflieder
und kommen immer … wieder.

Sie naschen dort den süßen Saft,
der Blütennektar gibt ihn'n … Kraft.

Schmetterling: mein Lieblingstier.
Komm mal her, ich zeig ihn … dir.

DER BIENENSTOCK

Schwarz-gelb gestreift, so glänzt ihr Kleid.
Sommer, das ist Bienen-…Zeit.

Die Biene fliegt, der Stock, er brummt,
die Luft, sie surrt, das Bienchen … summt.

Nektar sammeln, mit Bedacht!
Honig wird hier frisch … gemacht.

Man folge stets dem Blumenduft
und fliege eifrig durch die … Luft.

Die Königin denkt an ihr Ziel:
Sie will Honig, und zwar … viel.

Der Imker sieht das ebenso
und ist über den Honig … froh.

SEPTEMBER, SEPTEMBER

Die Sonne lockt im September noch mal,
die Temperatur ist jetzt op…timal.

Der Herbst, er naht, man glaubt es kaum,
erste Blätter fallen vom … Baum.

Sonnenblumen wiegen im Wind,
ein Eichhörnchen holt die Körner ge…schwind.

Morgens ist es jetzt manchmal schon kalt!
Die ersten Pilze sprießen im … Wald.

Der Gärtner schwingt noch einmal den Spaten.
Igel tapsen durch unseren … Garten.

Der Spätsommer wärmt uns wohlig die Haut,
bis der Herbst uns die Wärme endgültig … klaut.

ERNTEDANK

Ein gutes Jahr neigt sich zu Ende,
und mit der Arbeit fleiß'ger … Hände.

wurde die Ernte eingebracht,
Obst und Gemüse einge…macht.

Zwetschgen und Äpfel, ein Genuss,
kochten wir zu süßem … Mus.

Die Gurken legten wir ganz lässig
sauer ein mit recht viel … Essig.

Die Früchte liegen schon mit Rum
in einem Rumtopf: gar nicht … dumm!

Kartoffeln stoppeln ging nie schneller.
Wir lagern sie im dunklen … Keller.

Rüben gab es allerhand,
die Möhren lagern wir in … Sand.

Jetzt sind wir für die Winterzeit
ausgestattet und ber…reit.

HERBSTSONNE

Der Herbst ist da, die Sonne auch,
herrlich wärmt sie Kopf und … Bauch.

Sie scheint heute für mich und dich
und verwöhnt uns könig…lich.

Man sieht sie lustige Schatten malen,
die Blätter bringt sie zum Er…strahlen.

Die Sonne will's noch einmal zeigen.
Wie sich die Blätter vor ihr … neigen!

Wie mich die Sonne glücklich macht,
wenn sie im Herbst vom Himmel … lacht!

Alles taucht sie in ihr Licht,
jeden Grashalm, dein Ge…sicht.

Sie zeigt noch einmal, was sie kann,
und alle Blätter leuchten … dann.

Es ist wirklich eine Wonne.
Ich liebe sie: die Herbstzeit…sonne.

WIESNZEIT

Jetzt ist es wieder mal so weit,
Freunde: Es ist Wiesn…zeit.

In München wohl das Fest der Feste,
für einige das Aller…beste.

Die Schickeria feiert hier
mit einer ganzen Maß voll … Bier.

Männer: Zeigt die Beine her!
In Lederhosen ist's nicht … schwer.

Frauen: Dirndl ist jetzt Pflicht.
Vergesst die Schürze bitte … nicht.

Das Lebkuchenherzerl für den Schatz
kriegt daheim 'nen Ehren…platz.

Brezn erfreun den leeren Bauch
und ein Wiesnhendl … auch.

Wer gern die Seele baumeln lässt,
freut sich aufs Oktober…fest.

WALDSPAZIERGANG

Die Blätter sind schon bunt und fliegen,
die Äste sich im Winde … biegen.

Wir lassen in dem bunten Treiben
ganz fröhlich uns're Drachen … steigen.

Tiere sammeln Korn und Nüsse,
die Sonne verteilt zärtlich … Küsse.

Der Dachs, weise und gar schlau,
gräbt seinen Kindern einen … Bau.

Kastanien fallen ab vom Baum,
es sind so viel, du glaubst es … kaum.

Laub deckt alle Wege zu,
ich lieb das Rascheln sehr – und … du?

Schön ist der Wald zur Herbsteszeit,
die Welt wird ruhig, das Herz wird … weit.

WIR FEIERN EIN WEINFEST

Heut ist kein Tag wie alle Tage,
Wir feiern ein Fest – keine … Frage.

Geladen sind ganz viele Gäste,
heißt sie willkommen zu uns'rem … Feste.

Auf dem Tisch stehen Brot und Wein,
auch Saft und Kuchen, so soll es … sein.

Geschmückt ist der Saal mit Kerzenlicht,
ein Strahlen sieht man in jedem … Gesicht.

Edle Tropfen, Trauben, Reben,
beim Weinfest soll es all das … geben.

Geleert sind bald die alten Fässer.
Der neue Wein, wird er noch … besser?

Ein Fest, wie's schöner nicht sein kann,
Es tanzen Kind und Frau und … Mann.

OKTOBER

Die Luft ist blau und frisch und klar,
es steht wohl fest: Der Herbst ist … da.

Die Äpfel sind jetzt süß und rund,
die Früchte wandern in den … Mund.

Die Ernte macht die Menschen satt.
Langsam färbt sich jedes … Blatt.

Die Drachen hoch am Himmel fliegen.
Die Eicheln rund am Waldweg … liegen.

Aus dem Boden wächst der Pilz.
Der Jäger trägt ’nen Hut aus … Filz.

Der Hirsch, er flüchtet vor dem Schuss!
Das Eichhörnchen sammelt jede … Nuss.

Die braunen Kastanien fallen.
Der Bauer presst Stroh zu … Ballen.

Das Heu kommt in den Schober
Es ist jetzt wohl Ok…tober!

MEINE LATERNE

In diesem Jahr, da freu ich mich
auf etwas außerordent…lich.
Es ist das Fest der Kerzen.
Das Licht geht in die … Herzen.

Doch leuchtet es nicht einfach so.
Es ist verpackt, ganz farben…froh.
Es funkelt wie die Sterne
in meiner schön'n La…terne.

Ich hab gebastelt – tagelang
mit Eifer und mit viel Ge…sang,
mit Fantasie, Papier und Klebe,
als ob es sonst nichts andres … gäbe.

Die Farben: rot, gelb, grün und blau.
Das sieht doch toll aus – komm und … schau!
Solche Laternen kann man nicht kaufen.
Gehst du mit zum Laternen…laufen?

DIE GESCHICHTE VON ST. MARTIN

St. Martin diente dem römischen Staat,
er war schon mit 15 Jahren Sol…dat.
Missgunst und Häme lagen ihm fern,
seine Kollegen hatten ihn … gern.

Eines Tages ritt er allein
zur Stadt hinaus im Monden…schein
auf seinem treuen Schimmel brav,
als er einen Bettler … traf.

Der Bettler fror, er war kränkelnd und alt.
Es schneite draußen und war bitter…kalt.
Martin teilte sein'n Mantel rot
und half so dem Bettler in seiner … Not.

Danach erschien ihm, er glaubte es kaum,
der liebe Gott in einem … Traum.
Martin erwachte und fühlte sich klein.
Gott im Traum? Wie konnte das … sein?

Wenn das kein Zeichen des Schicksals ist!
Er ließ sich taufen und wurde … Christ.
Die Leute wollten zum Bischof ihn machen
Doch Martin fand das gar nicht zum … Lachen.

Martin fing an, sich gut zu verstecken.
Sie suchten ihn in allen … Ecken.
Martin verschwand und war auf der Hut,
doch sein Versteck war nicht sehr … gut.

Er flüchtete in einen Stall,
darin waren Gänse über…all.
Die fingen lauthals zu schnattern an.
Die Leute hörten's und fanden ihn … dann.

Darauf ist er lange Bischof gewesen
und half vielen Menschen, so ist es gewe…sen.

HERBSTGEFÜHLE

Wenn die Kastanien runterknallen
und die bunten Blätter … fallen,
wenn die lust'gen Drachen steigen,
die Bäume sich im Wind ver…neigen,

wenn die Igel frech spazieren
und die Äste Laub ver…lieren,
wenn die bunten Früchte reifen
und die Kinder danach … greifen,

wenn der Wind die Luft erfrischt,
wird die Ernte aufge…tischt.
Dann wissen wir, der Herbst ist da,
das Ende dieses Jahrs ist … nah.

Wir freun uns an der Herbsteszeit,
wir wissen ja: Es ist so … weit,
die Ernte bringt des Jahres Lohn
für Tochter, Mutter, Vater … Sohn.

DIE NIKOLAUSMÜTZE

Es ist kein Zylinder, es ist auch kein Topf!
Was trägt der Nikolaus auf seinem … Kopf?

Du denkst: Was soll denn so eine Frage?
Und glaubst, dass ich es dir schon gleich … sage?

Das Problem ist, ich weiß es selbst nicht genau.
Sehe ich Bilder, werd ich draus nicht … schlau!

Mal ist's eine Mitra mit Kreuz vorne drauf,
mal hat er eine Mütze mit Bommel … auf.

Mal ist sie rot und dann wieder weiß,
was schützt ihn denn jetzt vor Schnee und vor … Eis?

Die Wahrheit ist – ihr erratet es nie –
die Wahrheit liegt in der Fanta…sie!

DER ADVENTSKALENDER

Auf dem ersten Türchen, da steht eine Eins.
Ich finde ein Schweinchen, das ist jetzt … meins.
Die zweite Tür ziert eine Zwei,
hinter dieser Tür ist ein Papa…gei.
Auf der dritten Tür strahlt eine Drei,
dahinter ein Buch über Male…rei.
Das vierte Törchen zeigt natürlich die Vier.
Dahinter ein Blümchen, das schenk ich … dir.
Fünf steht ganz groß auf dem nächsten Tor.
Ich zaub're daraus Schokolade … hervor.
Am sechsten Tag kommt der Nikolaus,
bringt Äpfel und Nüsse in unser … Haus.
Auf dem siebten Türchen steht eine Sieben,
wir finden die Plätzchen, die wir so … lieben.
Die nächste Tür zeigt eine Acht.
Drin ist ein Clown, der merkwürdig … lacht.
Auf der folgenden Tür prangt eine Neun,
dahinter ein Keks über den wir uns … freun.
Die nächste Tür wartet auf mit der Zehn,
dahinter ein Film, den wir gerne … sehn.
Elf leuchtet hell auf dem nächsten Tor,
es schallt heraus der Engelchen … Chor.
Wir öffnen das Türchen vom zwölften Tag
und finden den Glühwein, den jeder gern … mag.

Die 13 ist heute ein Zeichen für Glück:
Wir finden im Türchen vom Kuchen ein … Stück.
Was sich wohl hinter Tür 14 versteckt?
Wir haben ’nen Topf voll Honig … entdeckt.
Mit Tor Nummer 15 geht es dann weiter,
dahinter ein Frosch auf einer … Leiter.
Am nächsten Tag ist Tür 16 dran.
Es zeigt sich ein Kater, der Tanzen … kann!
Wir sind schon bei Tür Nummer siebzehn
und können ein Glas voller Punsch … sehn.
Mit der achtzehnten Tür rückt Weihnachten näher,
es verbirgt sich dahinter ein Rasen…mäher.
Was Türchen Nummer 19 wohl in sich trägt?
Es ist ein Stern, aus Holz … gesägt.
Wir freuen uns schon auf die Tür mit der Zwanzig.
Doch dahinter ist Butter – leider schon … ranzig.
21 Tage haben wir schon geschafft.
Hinterm Türchen ein Päckchen Orangen…saft.
Tür 22 öffnen wir heut
und hören ganz lautes Glockenge…läut.
23: Weihnachten steht kurz bevor!
Eine Mütze ist hinter dem heutigem … Tor.
Das Tor 24, jetzt ist es so weit:
Weihnachten unsre Seelen er…freut.

DER ADVENTSKRANZ

Ich schenk dir einen grünen Kranz,
der funkelnd strahlt im Lichter…glanz.

Du weißt, er kommt von Herzen.
Es sind darauf vier … Kerzen.

Er ist verziert mit manchem Stern.
Du weißt, ich schenke ihn dir … gern.

Ich hab auch ein sehr schönes Band
darumgewickelt mit der … Hand.

Nun mach die erste Kerze an.
Sie brennt allmählich runter … dann.

Bald brennen alle vier.
Viel Freude wünsch ich … dir!

DER WEIHNACHTSSTERN

Als Wegweiser ist er berühmt und bekannt,
er wurde gesehen im ganzen … Land.

Er zeigte die Richtung, er lockte die Weisen,
sie sahen ihn und begannen zu … reisen.

Den Hirten wies er leuchtend die Richtung
zum heiligen Stall auf des Waldes … Lichtung.

Was wäre ohne ihn passiert?
Hätten sich wohl alle ver…irrt?

Doch wir müssen uns darum nicht sorgen,
er strahlte am Abend und strahlte am … Morgen.

Er leuchtete hell von nah und von fern,
am Himmel, da strahlte der Weihnachts…stern.

DER WEIHNACHTSESEL

Auch der Esel erlebte die heilige Nacht,
als in Bethlehem ward ein Wunder voll…bracht.

Maria und Josef konnten auf ihn bauen,
ihm ihr Gepäck dankbar anver…trauen.

Maria war schwanger, und der Weg weit,
so trug das Eselchen sie eine … Zeit.

Es war auf der Reise stets an ihrer Seite,
blieb bei ihr und suchte nie das … Weite.

Es schlief nicht in der heiligen Nacht,
hat stets den Stall und Maria be…wacht.

Dies sagte man, wenn man den Esel beschrieb:
Er war grau, er war treu und er war … lieb.

DER HEILIGE STALL

Nach Bethlehem zog Josef mit seiner Maria,
eine Reise, die weit und beschwerlich … war.

Sie kamen müde in Bethlehem an
und schauten, wo man dort schlafen … kann.

Die Häuser warn voll, und das überall!
Zum Glück gab's für sie noch 'nen warmen … Stall.

Dort sollte das göttliche Wunder geschehen,
es haben nur Esel und Ochse … gesehen.

Der heilige Stall war auserwählt,
dort kam das Jesuskind auf die … Welt.

Die Engel und die Hirten all
jubelten mit Sang und … Schall.

BESCHERUNG

Heut Morgen war ich wach im Nu.
Die Tür zur Stube war schon … zu.

Jetzt bin ich aber aufgeregt,
was das Christkind untern Baum mir … legt?

Ist es ein Kleid aus edlem Tuch?
Oder ein großes Märchen…buch?

Nach einem Tag voller Wartezeit
ist es dann endlich doch so … weit.

Ein Glockenläuten zart erklingt,
die Stimme schnell ein Liedchen … singt.

Die Lichter füll'n den ganzen Raum,
so hell strahlt unser … Tannenbaum.

Woran ich schon so lange denke,
liegt unterm Baum: meine … Geschenke!

TANNENBAUM

Nicht so groß, schon eher klein,
hell umhüllt vom Kerzen…schein,

steht auf einem Ehrenplatz
unser größter Weihnachts…schatz.

Wir haben viele angesehn,
doch keiner war so wunder…schön!

Und so war die Entscheidung leicht,
dass uns ein Kleiner diesmal … reicht.

Denn Größe ist nicht wirklich wichtig.
Ihn zu kaufen war ganz … richtig!

Wir haben ihn mit viel Bedacht
zu uns in unser Heim … gebracht.

Mit Kugeln, Ketten und auch Kerzen
wuchs er uns rasch an unsre … Herzen.

Ich sag euch jetzt, ihr glaubt es kaum:
Wir ham den schönsten Tannen…baum!

DER WEIHNACHTSOCHSE

In seinen Stall kamen sie in der Nacht,
ein heiliges Wunder wurd dort voll...bracht.

Dass in der Nacht was Besondres geschah,
war für den Ochsen gleich sonnen...klar.

Da war eine Frau mit Namen Maria,
die mitten im Stall ein Kindlein ge...bar.

Das Kindlein schlief sanft auf weichem Stroh.
Es kamen die Hirten und beteten ... froh.

Der Ochs war nun wichtig, ganz bestimmt –
wärmt' mit seinem Atem das göttliche ... Kind.

Er stand mit viel Ruhe in seiner Box,
das war der alte und gutmütige ... Ochs.

DAS CHRISTKIND STEHT VOR DER TÜR

Ich wollte euch sagen: Es ist Advent.
Am grünen Kranz ein Kerzchen … brennt.

Und auf allen Tannenspitzen
sieht man schon glitzernde Lichtlein … sitzen.

An den Straßen sieht jedes Haus
fein geschmückt und festlich … aus.

Glühweinduft schwebt überm Weihnachtsmarkt,
Lebkuchen und Punsch gibt's hier jeden … Tag.

Der Weihnachtsbaum wird nun ausgewählt
und in der Stube aufge…stellt.

Er wird geschmückt, fein und gediegen,
mit Lametta oder ohne – ganz nach Be…lieben.

Kipferl und Äpfel isst man jetzt gern,
aus Plätzchenteig sticht man aus manchen … Stern.

Brennen dann der Lichter vier,
klopft das Christkind an die … Tür.

PLÄTZCHEN

Heut wird der Ofen angemacht,
damit bald unser Gaumen … lacht.
Ham wir denn alles da? Au weia!
Wir brauchen Butter, Mehl und … Eier.
Ein bisschen Zucker und auch Zimt
man gern für Weihnachtsplätzchen … nimmt.

Die Zutaten sind schnell besorgt
oder vom Nachbarn ausge…borgt.
Jetzt wird geknetet und gerührt,
bis uns der leck're Teig ver…führt.
Ein bisschen Teig ist unumwunden
heimlich in den Mund ver…schwunden.

Nun rollen wir den Teig schön glatt,
machen ihn eben und ganz … platt.
Dann holen wir das Backblech raus
und stechen unsre Plätzchen … aus.
So viele Form'n, du glaubst es kaum,
Stern, Pferd, Niklaus, Tannen…baum.

Das Blech schnell in den Ofen schieben!
Gleich gibt's die Plätzchen, die wir … lieben.
Und wie man's kennt schon immer,
zieht der Duft durch jedes … Zimmer.

WIEDER EIN JAHR UM

Die Jahresuhr, sie dreht und dreht.
Die Zeit, sie rennt, das Jahr … vergeht.

Januar, Februar, März, April,
Ein bisschen mehr Zeit ist, was ich … will.

Mai, Juni, Juli, August,
auf Hektik hab ich keine … Lust.

September, Oktober, November – und dann?
Ist als letzter Monat Dezember … dran.

Das Neue kommt, das Alte geht.
Ist es wirklich schon so … spät?

Ich glaub, ich dreh mich einmal um,
dann ist das Jahr schon wieder … rum.

FEUERWERK

Riechst du ihn, den rauch'gen Duft?
Die Farben sprühen in die ... Luft.

Es knallt, es zischt, es regnet Licht,
der eine mag's, der and're ... nicht.

Ein Feuerwerk erhellt die Nacht,
es strahlt, es glüht, mein Herz, es ... lacht.

Rot und gelb und grün und blau!
Komm doch auch, lauf her und ... schau!

Sieh, wie die Raketen schwirren,
höre, wie die Gläser ... klirren!

Das Feuerwerk die Nacht versüßt,
so wird das neue Jahr be...grüßt.

WIR ZIEHEN UNS WARM AN!

Im Winter ist es kalt,
das spüren wir recht … bald.

Willst du im Winter einmal raus
und verlässt das warme … Haus,

musst du anziehn sieben Sachen,
die dich warm und wohlig … machen.

Die Mütze mit den Bommeln dran
und die Handschuh' ziehst du … an.

Die Stiefel hast du auch gefunden,
der Schal wird um den Hals ge…bunden.

Den Mantel knöpfst du sorgsam zu,
er wärmt dich wunderbar im … Nu.

Es ist egal, ob's stürmt und schneit,
zum Rausgehn bist du jetzt be…reit!

VÖGEL FÜTTERN

Mal piepst ihr laut, mal piepst ihr leise.
Ich mag euch alle, ob Amsel, ob … Meise.

Wird es im Winter eisig kalt,
sucht ihr Futter in Feld und … Wald.

Ich weiß, ihr habt es schwer.
Kommt nur zu mir … her.

Ich habe für euch allerlei
Körner, Nüsse und Beeren da…bei.

Ins Vogelhaus füll ich die Leckereien,
jetzt kann es frieren und auch … schneien.

Ich freu mich auf euch auch dieses Jahr:
Vögel füttern ist wunder…bar!